Grabschmuck
selbst gemacht

Silke Erbert

Grabschmuck
selbst gemacht

Die Deutsche Bibliothek – CIP-Einheitsaufnahme
Grabschmuck selbst gemacht / Silke Erbert. – Wiesbaden: Englisch, 1997
ISBN 3-8241-0740-6

© by F. Englisch GmbH & Co Verlags-KG, Wiesbaden 1997
ISBN 3-8241-0740-6
Alle Rechte vorbehalten. Nachdruck, auch auszugsweise, verboten.
Titelbild: Frank Schuppelius
Printed in Spain

Die Ratschläge in diesem Buch sind von Autorin und Verlag sorgfältig erwogen und geprüft, dennoch kann eine Garantie nicht übernommen werden. Eine Haftung der Autorin bzw. des Verlages und seiner Beauftragten für Personen-, Sach- und Vermögensschäden ist ausgeschlossen. Eine gewerbliche Nutzung der Vorlagen und Abbildungen ist verboten und nur mit ausdrücklicher Genehmigung des Verlages gestattet.

Inhaltsverzeichnis

Mooskranz mit Juteband	16
Grabkranz mit Jute	18
Mooskranz mit Baumrinde	21
Efeukranz	21
Mooskreuz mit Juteschleife	24
Kleines Mooskreuz	26

Dekorative Grabgestecke **28**
Flaches Grabgesteck in Natur	28
Flaches Grabgesteck in Rot	32
Kleines Gesteck mit Juteschleife	33
Grabgebinde	34
Grabgesteck mit Weihnachtssternen	37
Grabgesteck in Rot und Gold	40
Dekoratives Grabgesteck	42
Großes Grabgesteck	44
Großes Gesteck mit Juteschleife	46

Vorwort	7
Arbeitsmaterial und Werkzeug	8
Füllmaterial und Schmuck	9
Grundtechniken	**10**
Das Andrahten	10
Kreuze und Kränze	10
Grabgestecke	12
Grabkränze und Kreuze	**14**
Mooskranz mit Äpfeln	14

Sträuße und Aufleger **48**
Kleiner Grabstrauß	48
Grabaufleger	50
Grabaufleger in Rot	52

Bepflanzungen **54**
Bepflanzung im Tontopf	54
Bepflanzung mit Juteschleife	56
Kleine bunte Bepflanzung	58
Bepflanzung mit Zierkürbis	60
Zypressengewächs	62

Vorwort

Fast jeder von uns hat ein oder sogar mehrere Gräber zu versorgen und zu bestücken. Dabei versteht es sich von selbst, dass Sie dies so schön wie möglich und mit nicht allzu großem Aufwand betreiben möchten. In diesem Buch finden Sie eine Vielzahl von Grabgestecken, -gebinden und -bepflanzungen einfachster und auch aufwendigerer Gestaltung, die durch ausführliche Beschreibungen sowohl von Anfängern als auch Fortgeschrittenen leicht nachgearbeitet werden können. Die meisten von mir verwendeten Materialien sind in einer großen Auswahl in vielen Geschäften, Gartenfachmärkten und auf dem Wochenmarkt erhältlich. Auch die Natur hat vieles zu bieten und falls Sie einen Garten besitzen, haben Sie mit Sicherheit eine kleine Auswahl an Tannen, Kiefern und Koniferen. Bleibt nur noch, Ihnen viel Erfolg beim Nacharbeiten zu wünschen.

Ihre Silke Erbert

Arbeitsmaterial und Werkzeug

Vorab einige Informationen über Werkzeuge, Arbeitsmaterial, Stecktechniken und „kleine Tricks", die Ihnen das Nacharbeiten leichter machen sollen. Folgende Werkzeuge benötigen Sie grundsätzlich zum Anfertigen von Grabschmuck:

- Drahtschere oder -zange
- ein kleines scharfes Messer zum Anschneiden und Säubern von Ästen und Zweigen
- großes Messer oder Säge
- Floristentape bzw. Römerwickelband
- Schere
- gekaufte oder selbst gefertigte Drahthaften oder -krampen
- Heißklebepistole
- Steckschaum (dieser wird der Gesteckgröße entsprechend mit einem Messer zugeschnitten)
- Steckunterlagen wie Baumplatten oder -scheiben, Styroporkreuze, -kränze oder entsprechende Strohunterlagen
- verschiedene Drähte

Es gibt eine Vielzahl von Drähten und Sie finden nach einiger Praxis selbst heraus, wann Sie welchen Draht benutzen.

Zum Drahten von Schleifen, Blättern, Astbündeln etc. und zum Verlängern von Stielen benutzen Sie meist Stiel- oder Stützdraht (Stangendraht), bemantelt oder unbemantelt, in verschiedenen Stärken.

Bei der Verwendung von feuchten Materialien bzw. Pflanzen sollte ein bemantelter Draht verwendet werden, da dieser nicht rostet. Darüber hinaus gibt es Binde-, Wickel- oder Blumendraht (auf Spulen) in verschiedenen Stärken, ebenso bemantelt oder unbemantelt, der meist zum Binden von Kränzen oder Umwickeln von Kreuzen z.B. mit Moos verwendet wird.

Füllmaterial und Schmuck

Als Grund- bzw. Füllmaterialien werden Äste und Zweige von Tannen, Kiefern und Koniferen verwendet, deren Erwerb ein Leichtes ist oder die Sie oftmals im eigenen Garten haben. Die Zweige oder Astenden werden immer mit einem kleinen Messer von Rinde und Nadeln gesäubert und leicht angespitzt, das erleichtert das Stecken.

Die Bestückung mit verschiedenen floralen Exoten, Bändern etc. können Sie Ihrem eigenen Geschmack entsprechend auswählen. Sie sind in den meisten Gartencentern, Gartenfachgeschäften und Wochenmärkten erhältlich. Diese Materialien können leicht über mehrere Jahre hinweg verwendet und durch das Besprühen mit Lackfarbe in verschiedenen Farbtönen wieder aufgefrischt werden. Natürlich können Sie sich auch in der Natur bedienen und z.B. Moos oder Zapfen sammeln, Eichenlaub trocknen und färben oder Schafgarbe und Statice säen, ernten und trocknen. Der Phantasie sind keine Grenzen gesetzt und, wie es so schön heißt, Not macht erfinderisch.

Bei der Auswahl der passenden Schleifenbänder sollten Sie darauf achten, dass diese unbedingt wetterfest sind und auch nach einigen Regengüssen noch einen guten Halt haben. Gut geeignet sind z.B. Jutebänder oder starke Stoffbänder mit Drahteinlage.

Grundtechniken

Das Andrahten

Manche Materialien, wie z.B. Blätter, Koniferen oder Tannenzweige, haben einen zu kurzen Stiel oder sie benötigen eine Stielstütze für mehr Halt in einem Gesteck. In diesem Fall wird ein Stiel- oder Stützdraht angedrahtet.

Legen Sie den Draht an den zu kurzen Stiel an und biegen Sie das obere Drahtdrittel parallel zum unteren Teil um.

Das kürzere Drahtstück bildet hierbei die Stielverlängerung. Drücken Sie den Drahtstiel fest gegen den Pflanzenstiel und drehen Sie das lange Drahtstück zwei- bis dreimal im Uhrzeigersinn um Pflanzenstiel und kurzes Drahtstück, bis dieses fest sitzt.

Im nachfolgenden Abschnitt möchte ich Ihnen anhand mehrerer Skizzen verschiedene (Steck-) Techniken erläutern, die die Grundlagen zu weiteren Vorgehensweisen bilden. Diese Techniken sind auf sämtliche Gestaltungsformen übertragbar.

Kreuze und Kränze

Als Basismaterial bzw. Steckhilfe kann Stroh, Kunststoff oder wie hier Styropor verwendet werden. Im folgenden Beispiel wird ein Styroporkreuz mit Platten-,

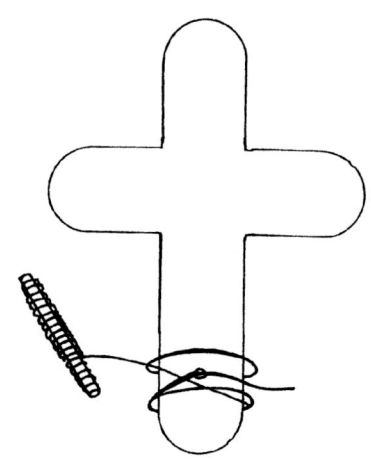

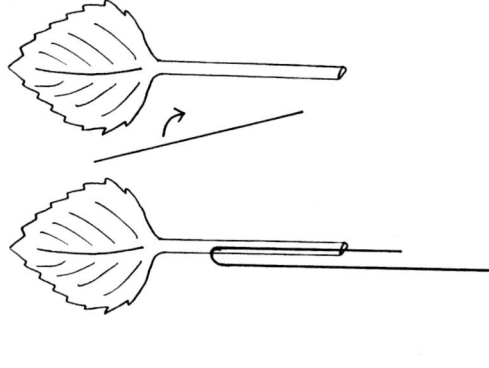

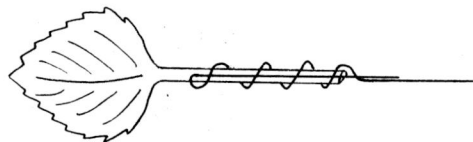

Island- oder Lappenmoos bestückt. Zuerst wird das Styroporkreuz mit Floristentape vollständig umkleidet. Befestigen Sie eine Spule Bindedraht, indem Sie das untere Drittel des Kreuzes mit dem Draht mehrmals umwickeln. Drehen Sie das Drahtende mit dem zweiten Drahtstück zu einer Art Knoten zusammen und lassen Sie die Drahtspule dann locker hängen.

Bereiten Sie sich nun ein ca. 10–15 cm großes, rundes Moosstück vor

und legen Sie es um die untere Rundung des Kreuzes. Es darf hierbei keine offene Stelle mehr zu sehen sein und das Moos muss sowohl ober- als auch unterhalb des Kreuzes angelegt werden.
Nun nehmen Sie die Drahtspule und befestigen das Moos durch mehrmaliges Umwickeln mit dem Bindedraht.

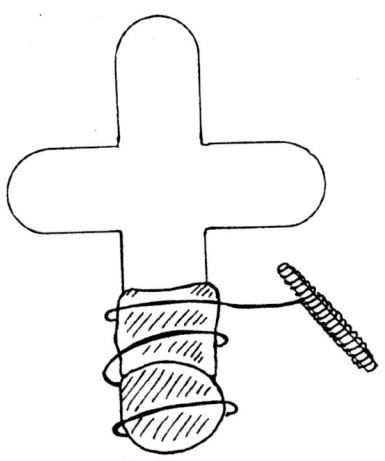

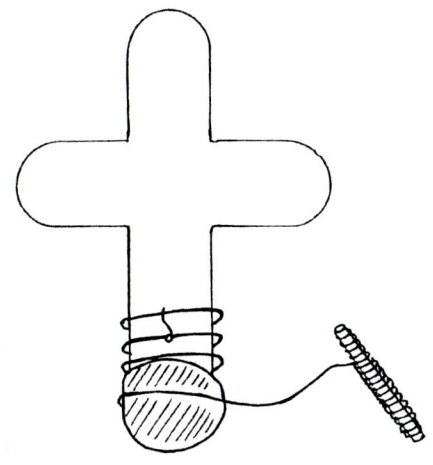

Als nächstes benötigen Sie ein rechteckiges Stück Moos, welches groß genug sein sollte, um das mittlere Styroporstück ganz zu umschließen.
Das Moosstück wird direkt an das erste Stück angesetzt und auf die gleiche Weise mit Draht befestigt.

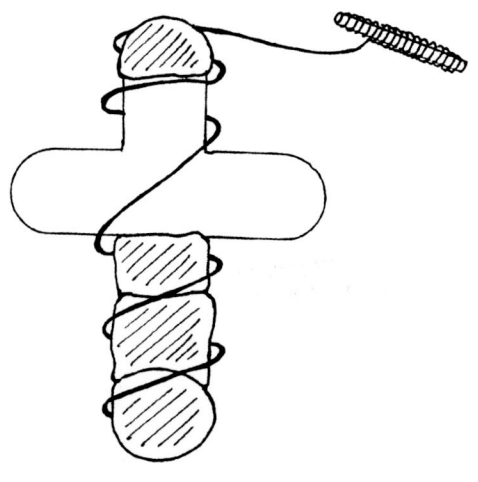

Jetzt sollte nur noch der mittlere Teil offen, d.h. nicht mit Moos bedeckt sein. Legen Sie auf der Kreuzunter- und -oberseite gleichzeitig zwei Moosstücke an, die so groß sein müssen, dass die offenen Stellen ganz abgedeckt sind, und umwickeln Sie mit Draht einmal über Kreuz sowohl ober- als auch unterhalb.
Mit einer Zange oder einem Seitenschneider zwicken Sie den Draht ab und lassen das Endstück durch Einstecken in das Styropor verschwinden.
Meist sind verschiedene Moosstücke trotz Drahtbefestigung noch etwas locker. Diese werden mit Drahtkrampen oder Haften durch Einschieben befestigt. Drahtkrampen können Sie selbst herstellen, indem Sie ein ca. 10 cm langes Drahtstück zu einer U-Form umbiegen.

Dies wird nun so lange wiederholt, bis der untere Teil des Kreuzes ganz mit Moos abgedeckt ist. Danach wickeln Sie den Draht in den oberen Kreuzbereich und nehmen wiederum ein rundes Moosstück, das Sie wie unten befestigen. Der mittlere Teil des Kreuzes wird zunächst ausgelassen.
Gleichermaßen fahren Sie nun mit der linken und rechten Kreuzseite fort.

Grabgestecke
Es gibt mehrere Grabgestecktypen, die von einer Form, dem flachen Gesteck oder auch Doppelstrauß genannt, abgeleitet werden können. Diese Form wird im Folgenden erklärt.
Als Basisteil benötigen Sie eine Grabschale oder einen Topf bzw. eine Baumplatte oder -scheibe. Letztere können Sie sich der gewünschten Größe Ihres Gesteckes entsprechend in einem Sägewerk oder einer Schreinerei zuschneiden lassen. Baumscheiben haben den Vorteil, dass sie durch ihr großes Gewicht nicht so leicht umfallen wie z.B. Schalen, die man aus diesem Grund gerne in der Erde versenkt. Befestigen Sie

mit der Heißklebepistole einen Steckschaum auf der Baumscheibe. Bei einer Schale sollte der Steckschaum etwa 3–5 cm über den Schalenrand überstehen, damit erleichtern Sie sich das Stecken der Ränder.
Verwenden Sie als Grundmaterial Koniferen, Kiefern- oder Tannenzweige und beginnen Sie die Grundfläche, von der Steckbasis ausgehend, rundherum abzu-

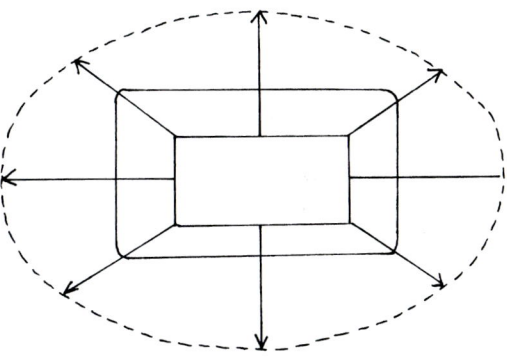

decken bzw. auszustecken. Auf der Skizze können Sie erkennen, in welche Richtungen gesteckt wird und welche Größe der Gesteckumfang zum Basisteil haben sollte. Stecken Sie so, dass vom Untergrund nichts mehr zu sehen ist und die Äste flach aufliegen. Nun kann mit den anderen Materialien weitergesteckt werden.

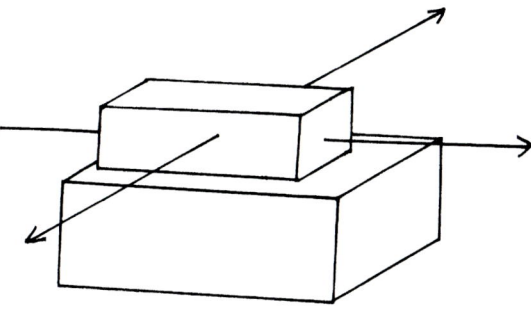

Sollten Sie eine andere Gesteckform gewählt haben, wie zum Beispiel das symmetrische oder das asymmetrische Gesteck, werden die Grundformen bzw. Höhen ebenfalls mit dem Grundmaterial ausgesteckt, bevor mit den Schmuckteilen aufgefüllt wird.

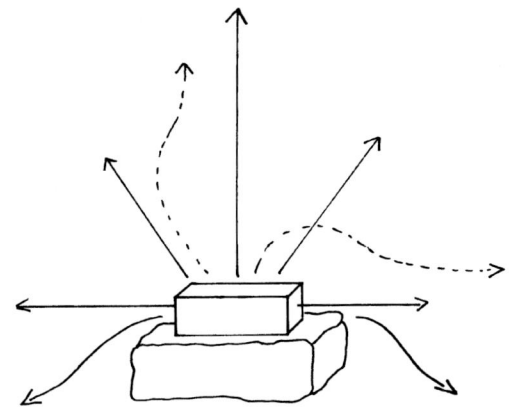

Grabkränze und Kreuze

Mooskranz mit Äpfeln

Material
- 1 Stroh- oder Styroporkreuz
- 2 kleine Äpfel
- Lappenmoos
- 1 Palmfaserplatte
- Efeuranken
- Naturbast
- Baumrinde
- ca. 1 m rotes Juteband
- 1 Kiefernzapfen
- evtl. Floristentape
- Stiel- oder Stützdraht
- Blumendraht
- Heißkleber

Vorbereitung
Falls Sie sich für den Strohkranz entscheiden, ist es ratsam, ihn mit Floristentape zu umwickeln, weil dabei eine glatte Oberfläche entsteht und der Kranz vor Feuchtigkeit geschützt wird. Danach wird der Kranz vollständig mit Moos abgedeckt (siehe Anleitung S. 10 ff). Drahten Sie einen Apfel, den Zapfen und die Baumrinde mit einem Stieldraht an. Die Palmfaserplatte und das Juteband werden in der Mitte gerafft und dann gedrahtet.

Anwendung
Befestigen Sie die Palmfaserplatte und das Juteband mit einem Drahtstiel und zusätzlich mit Heißkleber an einer beliebigen Stelle auf dem Kranz. Danach werden Baumrinde, ein angedrahteter Apfel und der Zapfen darauf platziert und die Lücken mit Moos aufgefüllt. Schlingen Sie die Efeuranke mit Hilfe des Bastes um den Kranz und befestigen Sie die Enden des Jutebandes daran.

Den zweiten Apfel ordnen Sie auf der noch unbestückten gegenüberliegenden Seite des Kranzes an und befestigen ihn mit Bast an seinem Stiel.

Mooskranz mit Juteband

Material
- 1 Stroh- oder Styroporkranz
- Lappenmoos
- 1 große Palmfaserplatte
- 2 Kiefernzapfen
- 1 Efeuranke
- 1 Palmspeer
- Plattenmoos
- einige Wacholderzweige
- goldgefärbtes Eichenlaub
- je ca. 1,5 m grüngoldenes Juteband und Schilfband in Gold
- Floristentape
- Stiel- oder Stützdraht
- Blumendraht
- Heißkleber oder Drahthaften

Vorbereitung
Umwickeln Sie den Kranz zuerst vollständig mit Floristentape und anschließend mit Lappenmoos. Drahten Sie die beiden Zapfen, Palmspeer und Eichenlaub mit einem Stiel- oder Stützdraht an und säubern Sie die Enden der Wacholderzweige von Nadeln und Rinde.
Juteband und Schilfband werden übereinander gelegt, zu einer Doppelschleife gefasst und dann gedrahtet. Ebenso fassen Sie die Palmfaserplatte in der Mitte und drahten sie so, dass ein Stiel stehen bleibt.

Anwendung
Zuerst wird die Efeuranke bogenförmig einmal über den Kranz gelegt, sodass beide Efeuenden im oberen Kranzbereich liegen. Die Enden werden durch das Einstecken der Palmfaserplatte beftigt. Alle weiteren Materialien werden sternförmig auf oder neben der Palmfaserplatte angebracht, beginnend mit den Wa-

cholderzweigen oben und unten, dem Palmspeer und Eichenlaub rechts oben.
Danach wird die noch unbestückte Mitte ausgefüllt. Platzieren Sie die beiden Zapfen rechts oben und die Schleife links unten, wobei deren Enden zu beiden Seiten auslaufen sollten. Falls noch Lücken vorhanden sind, füllen Sie diese mit Plattenmoos aus.
Das Moos wird entweder mit Heißkleber befestigt oder mit Drahthaften festgesteckt.

Grabkranz mit Jute

Material
- *1 Stroh- oder Styroporkranz*
- *2 Proteen*
- *1 Palmfaserplatte*
- *1 gelber Baumpilz*
- *goldgefärbtes Eichenlaub*
- *ca. 2 m Juteband in Gelb*
- *1 Lotuskapsel*
- *1 längliches Stück Baumrinde*
- *Schilfband in Gold*
- *Platten- und Lappenmoos*
- *Floristentape*
- *Drahthaften*
- *Stiel- oder Stützdraht*
- *Blumendraht*
- *eventuell Heißkleber*
- *Wacholder- und Tannenzweige*

Vorbereitung
Umwickeln Sie den Kranz zuerst mit Floristentape, dann zur einen Hälfte mit Lappenmoos und zur anderen Hälfte mit Juteband. Befestigen Sie das Band zum Teil durch lockeres Umwickeln mit Bindedraht und zum Teil mit Drahthaften. Baumpilz, Proteen, Eichenlaub und Lotuskapsel werden mit einem starken Stiel- oder Stützdraht angedrahtet. Die Enden der Tannen- und Wacholderzweige werden von Nadeln und Rinde befreit.

Anwendung
Kleben und/oder drahten Sie Baumrinde auf der linken Kranzhälfte an. Stecken Sie die vorbereiteten Wacholder- und Tannenzweige rechts und links von der Baumrinde in den Kranz und befestigen Sie die beiden Proteen in verschiedenen Höhen hintereinander, neben der Baumrinde. Die Palmfaserplatte wird mit Drahthaften seitlich der bereits

befestigten Materialien festgesteckt und auf das linke Ende wird die Lotuskapsel platziert. Schlingen Sie nun das Schilfband um den Kranz und fügen Sie den Baumpilz links, etwas unterhalb der Protee, ein. Eichenlaub und Plattenmoos können nun in den noch bestehenden Lücken platziert werden.

Mooskranz mit Baumrinde

Material
- *1 Stroh- oder Styroporkranz*
- *2 Proteen*
- *4 rote Kardendisteln*
- *4 rote Achillea*
- *1 Palmfaserplatte*
- *goldgefärbtes Eichenlaub*
- *ca. 2 m gelbes Juteband*
- *1 gelber Baumpilz*
- *1 Lotuskapsel*
- *1 längliches Stück Baumrinde*
- *Wacholder- und Tannenzweige*
- *goldfarbenes Schilfband*
- *Lappen- und Plattenmoos*
- *Floristentape*
- *Drahthaften*
- *Stiel- oder Stützdraht*
- *Blumendraht*

Vorbereitung
Der Stroh- oder Styroporkranz wird mit Floristentape vollständig umwickelt, damit er eine glatte Oberfläche erhält und gleichzeitig vor Feuchtigkeit geschützt ist. Die eine Kranzhälfte wird mit Lappenmoos umwickelt und die zweite mit Juteband, welches teils mit Blumendraht, teils mit Drahthaften locker befestigt wird. Drahten Sie Proteen, Lotuskapsel, Achillea, Disteln, Baumpilz und Eichenlaub mit einem starken Stiel- oder Stützdraht an und säubern Sie die Enden von Wacholder und Tanne von Nadeln und Rinde.

Anwendung
Befestigen Sie die Baumrinde mit Heißkleber oder Bindedraht auf der linken Kranzhälfte. Stecken Sie die vorbereiteten Wacholder- und Tannenzweige rechts und links von der Baumrinde in den Kranz und befestigen Sie daneben die beiden Proteen in verschiedenen Höhen hintereinander. Die Palmfaserplatte wird mit Drahthaften seitlich der bereits befestigten Materialien festgesteckt und auf das linke Ende der Palmfaser wird die Lotuskapsel platziert. Schlingen Sie nun das Schilfband um den Kranz und fügen Sie den Baumpilz links, etwas unterhalb der Protee ein.

Bestücken Sie die noch bestehenden Lücken nach Belieben mit den übrigen Materialien.

Efeukranz

Material
- *1 Stroh- oder Styroporkranz*
- *einige Efeuranken*
- *2 Lotuskapseln*
- *1 goldbesprühter Kiefernzapfen*
- *Plattenmoos*
- *2 rote Baumpilze*
- *2-3 Stiele rote Schafgarbe*
- *je ca. 1 m Juteband und Juteseil*
- *Floristentape*
- *Stiel- oder Stützdraht*
- *Blumendraht*
- *Drahthaften oder Heißkleber*

Vorbereitung

Umwickeln Sie den Kranz mit Floristentape und schlingen Sie die Efeuranken mehrere Male sehr dicht um den Kranz, bis der Untergrund nicht mehr zu sehen ist. Befestigen Sie die Ranke durch vorsichtiges, lockeres Umwickeln mit Blumendraht. Lotuskapseln, Zapfen, Schafgarbe und Baumpilze werden mit starkem Stiel- oder Stützdraht angedrahtet.

Anwendung

Drapieren Sie Juteband und -seil in Schlangenlinien über dem Kranz und befestigen Sie beide mit Drahthaften. Die Baumpilze, Zapfen, Lotuskapseln und die Schafgarben ordnen Sie auf einer Kranzhälfte jeweils mit etwas Abstand zueinander und füllen die noch vorhandenen Lücken mit Moos. Das Moos wird mit Drahthaften oder mit dem Heißkleber befestigt.
Dieser Kranz wirkt sehr dekorativ auf einer einfachen, flachen Grabplatte.

Mooskreuz mit Juteschleife

Material
- 1 Styroporkreuz
- Lappenmoos
- Baumrinde
- 1 Stiel Schafgarbe
- 2 gelbe Baumpilze
- 1 Stück Plattenmoos
- 2 rote Mohnkapseln
- ca. 80 cm gelbes Juteband
- Naturbast
- Floristentape
- Stiel- oder Stützdraht
- Blumendraht
- Heißkleber

Vorbereitung
Umwickeln Sie das Kreuz (siehe Anleitung S. 10 ff.) zuerst mit Floristentape, dann mit Plattenmoos. Die Kreuzmitte kann dabei ausgespart werden, da diese mit den übrigen Materialien vollständig abgedeckt wird. Drahten Sie Mohnkapseln, Schafgarbe, das Baumrindenstück und die Baumpilze mit Stiel- oder Stützdraht an. Legen Sie aus dem Juteband und dem Bast eine Doppelschleife, wobei ein Ende etwas länger sein sollte als das andere, und drahten Sie die Schleife an. Danach werden die Schleifenenden zusätzlich mit Bast verknotet, damit sie nicht zu breit sind.

Anwendung
Platzieren Sie die beiden Baumpilze gegenüberliegend in der Mitte des Kreuzes. Befestigen Sie darauf vorsichtig die Mohnkapseln, Baumrinde und Schafgarbe so, dass der Rand der Pilze noch zu sehen ist. Schieben Sie die Schleife mit ihrem Draht rechts oben neben der Schafgarbe ein und kleben Sie abschließend das Plattenmoos auf die noch freie untere Seite.

Kleines Mooskreuz

Material
- 1 Styroporkreuz
- Lappenmoos
- Efeuranken
- ca. 80 cm Juteband
- goldgefärbtes Eichenlaub
- 1 Lotuskapsel
- ca. 50 cm Bastkordel in Gold
- 2 gedrehte Palmspiralen
- Floristentape
- Stiel- oder Stützdraht
- Blumendraht
- Drahthaften

Vorbereitung
Das Kreuz wird zuerst mit Floristentape, dann mit Lappenmoos umkleidet (siehe Anleitung S. 10ff). Legen Sie jeweils aus dem Juteband und der Bastkordel eine Doppelschleife und drahten Sie diese an. Lotuskapsel, Eichenlaub und die beiden Palmspiralen werden ebenso mit einem Stiel- oder Stützdraht angedrahtet.

Anwendung
Legen Sie die Efeuranke senkrecht über das Kreuz und befestigen Sie diese an mehreren Stellen mit Drahthaften. Die beiden Palmspiralen werden mittig angeordnet, wobei die Enden nach rechts unten zeigen sollten.
Darauf platzieren Sie Lotuskapsel, Juteschleife sowie Kordel und fügen das Eichenlaub an der linken oberen Seite, hinter der Juteschleife ein.

Dekorative Grabgestecke

Flaches Grabgesteck in Natur

Material
- 1 große Baumplatte mit aufgeklebtem Steckschaum
- Kiefern-, Tannen- und Koniferenzweige
- 2 gelbe Baumpilze
- 3 Proteen
- 3 Kiefernzapfen
- 1 große Palmschale
- 2 goldene Palmspeere
- Efeuranke
- Geäst
- Naturbast
- ca. 2 m Juteseil
- Stiel- oder Stützdraht
- Drahthaften
- Heißkleber

Vorbereitung
Den Steckschaum sollten Sie vor dem Aufkleben halbieren, damit nicht zu viel Steckbasis vorhanden ist. Säubern Sie Kiefern, Tannen und Koniferen an ihren Enden von Nadeln und Rinde. Drahten Sie Zapfen, Baumpilze und Proteen mit Stiel- oder Stützdraht an und stecken Sie ebenfalls einen Draht durch die Mitte der Palmschale. Zu diesem Zweck sollten Sie sich vorher mit einem Messer zwei kleine Löcher bohren.

Anwendung
Stecken Sie zuerst den Steckschaum rundherum mit den Zweigen aus, bis keine Lücken mehr zu sehen sind. Die Proteen werden mittig mit wenig Höhenunterschied platziert und die Palmschale rechts neben den Proteen befestigt. Fügen Sie jeweils einen Palmspeer leicht versetzt ober- und unterhalb der Palmschale ein. Baumpilze und Zapfen werden links neben den Proteen verteilt und das Juteseil locker über das ganze Gebinde geschlungen. Befestigt wird das Seil mit Drahthaften. Schließlich werden die Efeuranke und das Geäst längs über das Gesteck drapiert und mit dem Naturbast an den Ästen befestigt.

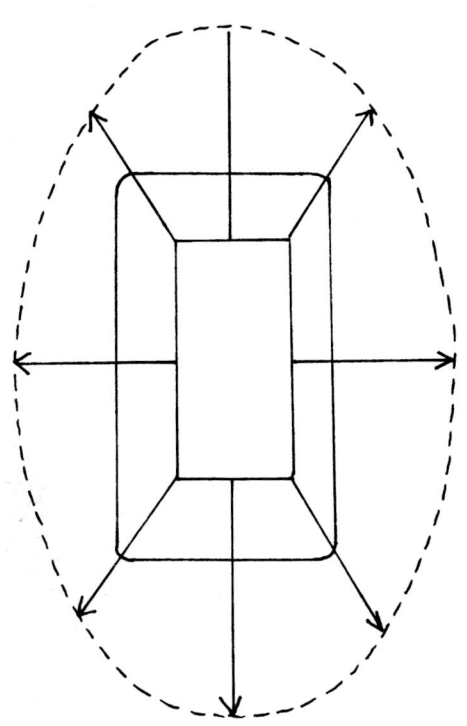

Flaches Grabgesteck in Rot

Material
- 1 Baumscheibe mit aufgeklebtem Steckschaum
- 5 rote Kardendisteln
- 2 rote Baumpilze
- 1 Lotuskapsel
- 3 kleine Kiefernzapfen
- 2 Palmspeere
- 1 Palmfaserplatte
- Geäst
- Plattenmoos
- Tannen- und Koniferenzweige
- ca. 2 m Bastkordel in Gold
- Stiel- oder Stützdraht
- Heißkleber

Vorbereitung
Der Steckschaum sollte halbiert, aufgeklebt und zurechtgeschnitten werden. Säubern Sie Tannen- und Koniferenzweige an ihren Enden von Nadeln und Rinde und drahten Sie Zapfen, Baumpilze, Disteln und Palmspeere so an, dass ein Drahtstiel zum Stecken bleibt.
Die zur Schleife gelegte Bastkordel, das Geäst und die Palmfaserplatte werden jeweils in der Mitte angedrahtet.

Anwendung
Stecken Sie die Zweige (siehe Skizze) flach um den Schaum herum, bis keine Lücken mehr zu sehen sind. In die Mitte des Gestecks werden die Lotuskapsel und drei Disteln platziert, wobei die Disteln etwas erhöht stehen. Die übrigen Disteln ordnen Sie vor der Lotuskapsel fast waagerecht hintereinander an. Arbeiten Sie je einen Baumpilz und einen Zapfen, nach links unten und rechts oben, unterhalb der Disteln in das Gesteck ein.
Platzieren Sie die Palmspeere nach vorne auslaufend und die Palmfaserplatte nach hinten, neben dem Zapfen und dem Baumpilz. Die Lücken werden mit Moos ausgefüllt und die Bastkordel und das Geäst neben der Lotuskapsel drapiert. (Abbildung Seite 30/31)

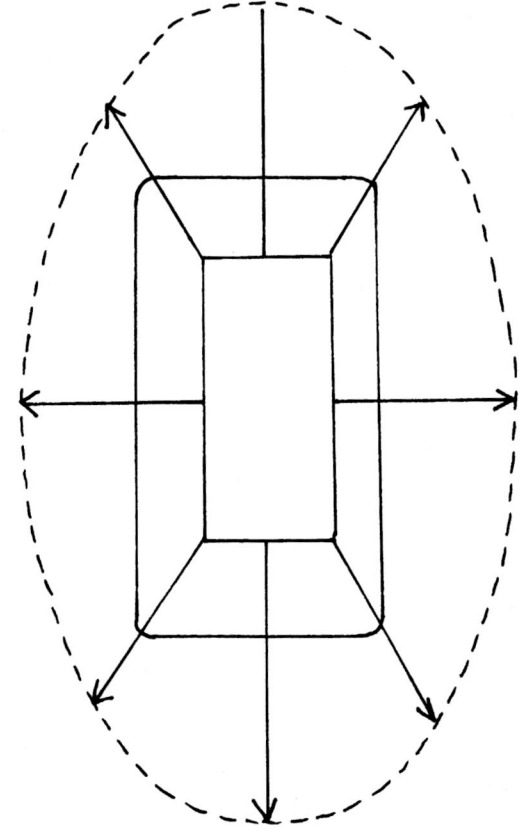

Kleines Gesteck mit Juteschleife

Material
- 1 kleine Baumscheibe mit aufgeklebtem Steckschaum
- 3 Proteen
- 1 große Palmschale
- 2 gelbe Baumpilze
- 2 kleine goldgespritzte Kiefernzapfen
- 1 großes Stück Plattenmoos
- je ca. 1,5 m gelbes Juteband und Bastkordel in Gold
- Tannen- und Koniferenzweige
- Stiel- oder Stützdraht
- Drahthaften
- Heißkleber

Vorbereitung

Drahten Sie Proteen, Zapfen und Baumpilze an. Aus dem Juteband legen Sie eine Doppelschleife und befestigen diese mit einem Stiel- oder Stützdraht in der Mitte. Nun werden die Zweige an ihren Enden von Rinde gesäubert.

Anwendung

Bestücken Sie den Steckschaum so mit Tannen und Koniferen, dass nur noch der rechte Teil zu sehen ist (siehe Skizze). Danach befestigen Sie die Palmschale mit Heißkleber und/oder mit Stieldraht in deren Mitte. Sie sollte parallel zur Längsseite angebracht sein. Die Proteen und die Zapfen werden mittig, links neben der Palmschale platziert und die Juteschleife wird vor den Proteen angebracht. Ordnen Sie die beiden Baumpilze links oben und rechts unten an und füllen Sie die verbliebene freie Stelle auf der rechten oberen Seite des Gesteckes mit dem Moos auf. Das Moos wird geklebt oder mit Drahthaften festgesteckt. Der Bast wird als kleiner Blickfang über die ganze Länge des Gesteckes gezogen.

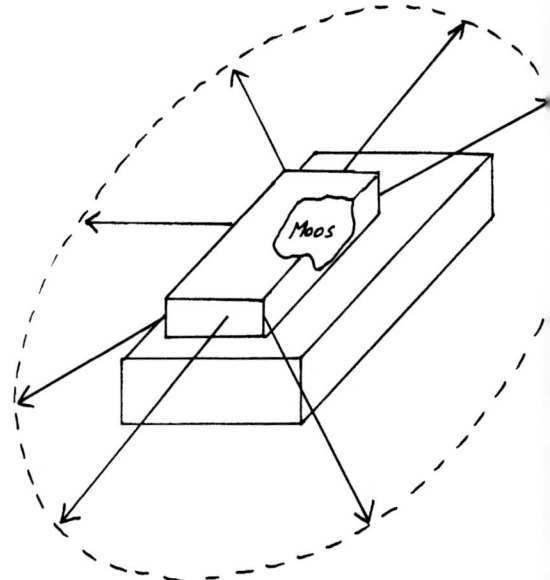

Grabgebinde

Material
- *2 rote Stiele Schafgarbe*
- *3 rote Kardendisteln*
- *2 rote Baumpilze*
- *2–3 Mohnkapseln*
- *goldgefärbtes Eichenlaub*
- *Naturbast*
- *Plattenmoos*
- *Geäst*
- *Efeuranken*
- *1 kleiner Weinrebenstern*
- *2 Birkenstämme, ca. 50 cm lang*
- *1 mittelgroßes Stück Steckschaum*
- *Kiefern-, Tannen- und Koniferenzweige*
- *Stiel- oder Stützdraht*
- *Blumendraht*
- *Drahthaften*
- *Heißkleber*

Vorbereitung

Wie Sie anhand der Skizze sehen können, werden die beiden Birkenstämme versetzt nebeneinander gelegt (sie sollten ca. 20 bis 30 cm überlappen) und mit Blumendraht mehrmals fest zusammengedrahtet. Anschließend wird der Steckschaum in der Mitte der Stämme aufgeklebt. Drahten Sie Disteln, Baumpilze, Zapfen, Mohnkapseln und Schafgarbe an und säubern Sie die Zweigenden von Nadeln und Rinde.

Anwendung

Stecken Sie rundherum den Steckschaum mit den Zweigen aus und bedecken Sie die obere Hälfte mit Moos. Dieses können Sie entweder kleben oder mit Drahthaften feststecken.
Ordnen Sie Schafgarbe, Lotuskapsel, Zapfen, Disteln und Mohnkapseln mit wenig Abstand zueinander in der Mitte des Gesteckes zwischen dem Moos an und platzieren Sie den Stern und das Eichenlaub links oben, Baumpilz und Eichenlaub rechts unten. Schlingen Sie Efeu und Geäst über das ganze Gesteck und binden Sie die Enden mit Naturbast an den Birkenstämmen fest.

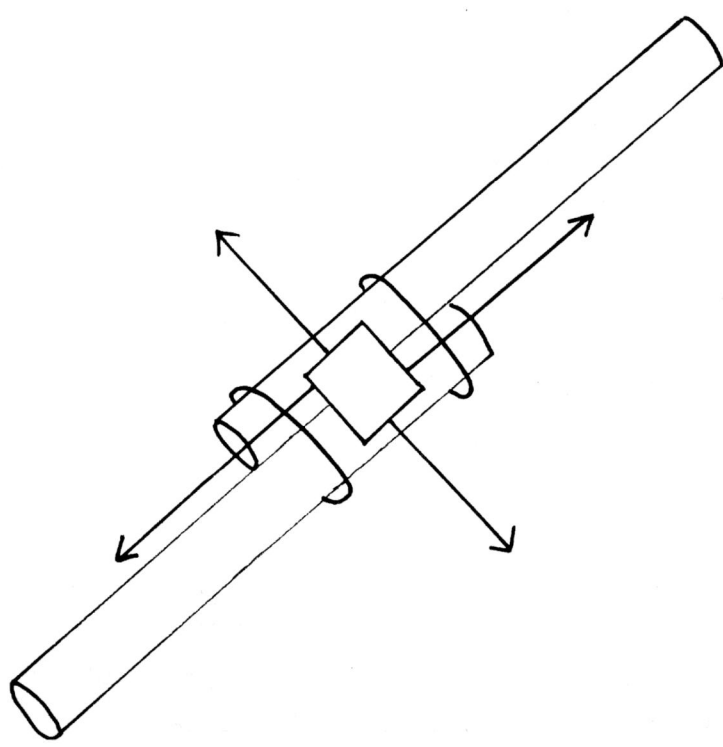

Grabgesteck mit Weihnachtssternen

Material
- 1 größere Baumplatte mit aufgeklebtem Steckschaum
- 2 weiße Maiskolben mit Stab
- 3 rote künstliche Weihnachtssterne mit Blattwerk
- 3 Stiele rote Schafgarbe
- 2 rote Baumpilze
- 1 großer Kiefernzapfen
- ca. 1,5 m rotes Juteband
- 1 weiße Peddigrohrspirale
- 2 Aloeblätter
- Tannen- und Koniferenzweige
- Stiel- oder Stützdraht
- Heißkleber

Vorbereitung
Der Steckschaum wird in voller Größe auf die Baumplatte aufgeklebt, um genügend Steckmöglichkeit zu haben. Säubern Sie die Zweige an ihren Enden von Nadeln und Rinde und binden Sie aus dem Juteband eine Doppelschleife mit Hilfe von Stiel- oder Stützdraht. Die Stiele der Weihnachtssterne sollten auf verschiedene Längen geschnitten werden, damit sie nachher auch in unterschiedlicher Höhe im Gesteck angebracht werden können. Zuletzt drahten Sie Baumpilz, Zapfen, Schafgarbe und Aloeblätter an.

Anwendung
Nehmen Sie die Skizze als Steckvorlage. Die ersten Zweige werden kreisförmig, flach eingesteckt, bis der Boden verdeckt ist. Stecken Sie anschließend mehrere gerade gewachsene Zweige senkrecht, von der Mitte des Gesteckes nach beiden Seiten ablaufend ein. Nun werden die Maiskolben senkrecht, untereinander versetzt, in der Gesteckmitte platziert.
Von oben angefangen, arbeiten Sie die Weihnachtssterne in Drei-

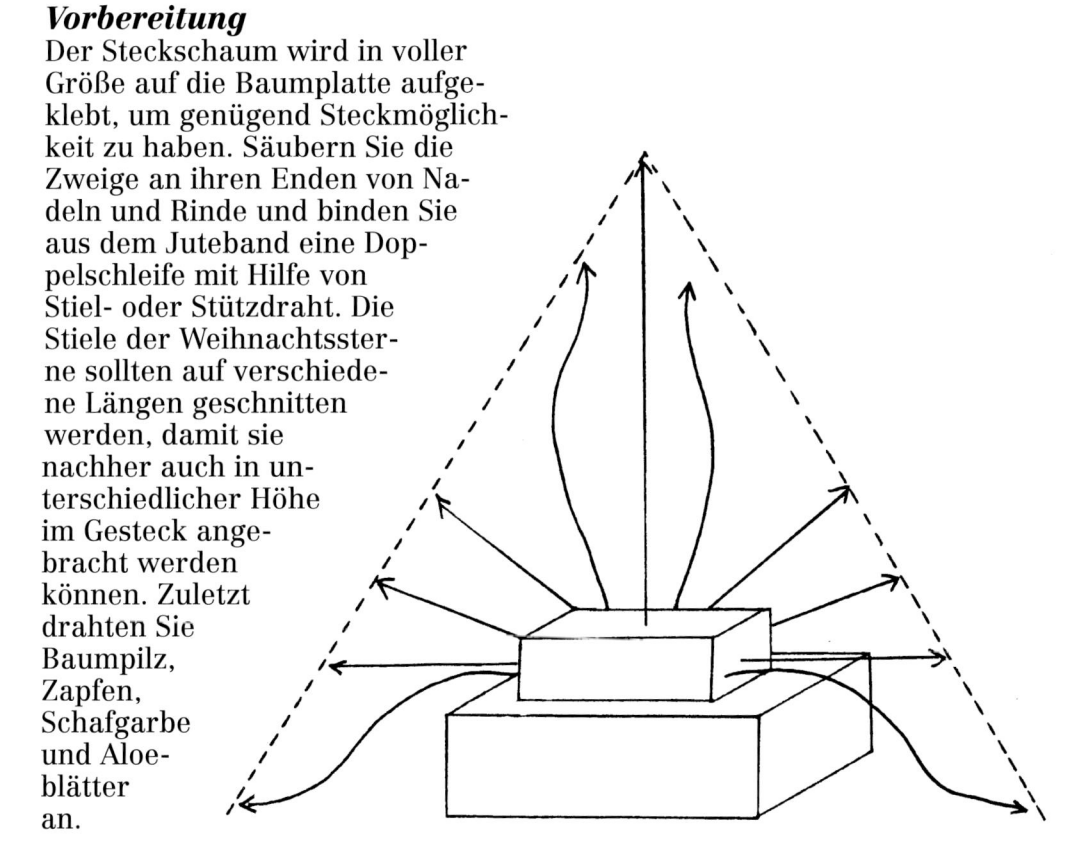

ecksform in das Gesteck ein. Ein Aloeblatt und die Peddigrohrspirale werden rechts neben dem oberen Weihnachtsstern angeordnet und das andere Aloeblatt rechts unten waagerecht eingesteckt. Den Baumpilz platzieren Sie rechts neben dem untersten Weihnachtsstern und die Schafgarbenstiele werden als „Farbkleckse" zwischen den Weihnachtssternen eingearbeitet. Auf die noch freie linke Seite drapieren Sie die Schleife und stecken den Zapfen vor dieser fest. Sollten noch Lücken zu sehen sein, füllen Sie diese mit Moos auf.

39

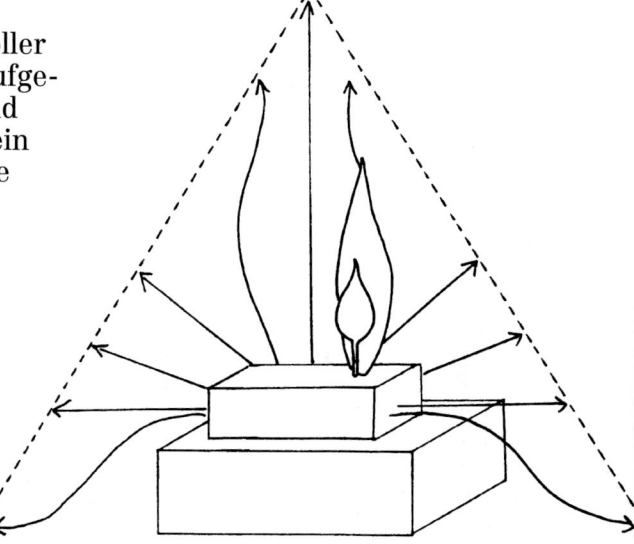

Grabgesteck in Rot und Gold

Material
- 1 große Baumplatte mit aufgeklebtem Steckschaum
- Tannen- und Koniferenzweige
- 1 große Protea
- 1 großes goldgefärbtes Blatt (z.B. Strelitzien- oder Bananenblatt)
- 2 Cocosspiralen
- 3 goldgefärbte Kiefernzapfen
- 1 größerer Ast der Zick-Zack-Weide
- 2 rote Palmspeere
- 1–2 Lotuskapseln
- 2 rote Baumpilze
- goldgefärbtes Eichenlaub
- 5–7 Stiele rote Achillea
- Efeuranken
- Geäst
- Plattenmoos
- goldenes Schilfband
- Stiel- oder Stützdraht
- Drahthaften
- Heißkleber

Vorbereitung
Der Steckschaum kann in voller Größe auf die Baumplatte aufgeklebt werden, da ausreichend Steckmöglichkeit gegeben sein sollte. Zapfen und Baumpilze werden angedrahtet und sämtliche Zweigenden von Nadeln und Rinde befreit.

Anwendung
Zuerst wird der Steckschaum rundherum mit Tannen- und Koniferenzweigen bestückt. Orientieren Sie sich dabei an den richtungsweisenden Pfeilen der Skizze. Platzieren Sie die große Protea möglichst in der Mitte und stecken Sie das goldene Blatt dahinter. Ein Palmspeer wird zur linken Seite, der andere nach unten auslaufend eingesteckt. Ebenso wird auch das Eichenlaub nach unten auslaufend und rechts oben senkrecht angebracht. Ordnen Sie die beiden Cocosspiralen leicht versetzt unterhalb der Protea an und platzieren Sie den Zick-Zack-Weidenzweig links neben diese Efeuranke, Schilfband und Geäst werden waagerecht, unterhalb der Protea angeordnet und mit etwas längeren Drahthaften festgesteckt. Das Schilfband sollte dabei in Schlaufen gelegt werden. Verteilen Sie nun Zapfen, Lotuskapseln, Moos, Baumpilze und Achillea nach Belieben unterschiedlich hoch um die Protea.

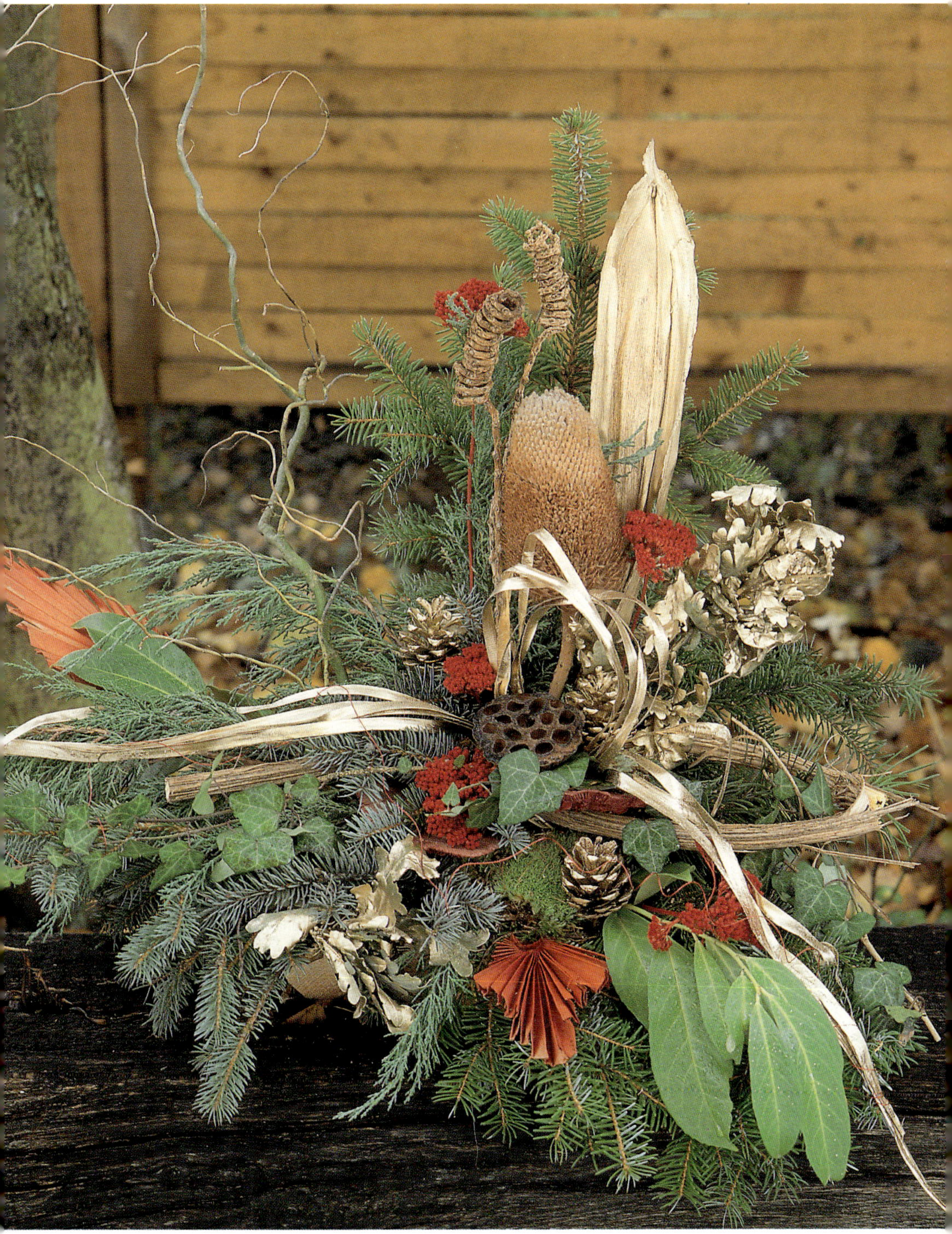

Dekoratives Grabgesteck

Material
- *1 große Baumplatte mit angeklebtem Steckschaum*
- *3 weiße langstielige Kardendisteln*
- *2 große Palmschalen*
- *3 Proteen*
- *3 Palmspeere*
- *3 goldgespritzte Kiefernzapfen*
- *2 gelbe Baumpilze*
- *3 Stiele Schafgarbe in Orange*
- *Geäst von der Zick-Zack-Weide*
- *Plattenmoos*
- *Naturbast*
- *Ginster-, Tannen- und Koniferenzweige*
- *ca. 2 m gelbes Juteband*
- *Stiel- oder Stützdraht*
- *Heißkleber*

Vorbereitung
Der Steckschaum sollte in voller Größe auf die Baumplatte aufgeklebt werden. Drahten Sie Palmspeere, Zapfen, Baumpilze, Disteln, Proteen, Schafgarben und Palmschalen an, legen Sie eine Doppelschleife aus dem Juteband und säubern Sie die Zweige von Nadeln und Rinde.

Anwendung
Stecken Sie die Zweige der Skizze entsprechend rundherum, bis der Grund abgedeckt ist und platzieren Sie zwei gerade gewachsene Ginster- und Wachholderzweige senkrecht in der Mitte des Gestecks. Diese Zweige geben den höchsten Punkt des Gestecks an. Die drei Disteln werden etwas versetzt vor dem Ginster platziert und die beiden Palmschalen mit etwas Abstand zueinander rechts neben die Disteln gesteckt. Die Proteen sowie die Palmspeere werden im Dreieck angeordnet. Stecken Sie die Palmspeere ganz unten waagerecht ein und die Proteen im Mittelteil senkrecht. Platzieren Sie die Schleife in der Mitte, unterhalb der Protee, und die Baumpilze unter der Schleife. Ordnen Sie die Zapfen in der Diagonalen von links oben angefangen an und stecken Sie die Schafgarbe in Dreiecksform in die noch freien Stellen.
Die Zick-Zack-Weidenzweige werden je nach Wuchs im Gesteck verteilt und ein Strang Naturbast locker über das Gesteck gezogen. Sollten noch freie Stellen zu sehen sein, können Sie diese mit Moos abdecken.

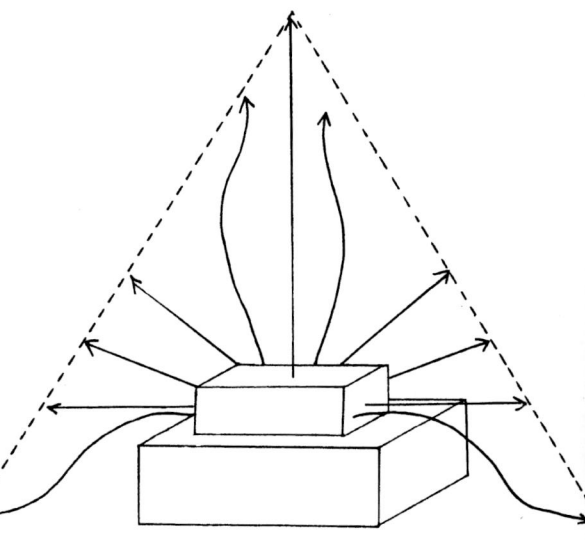

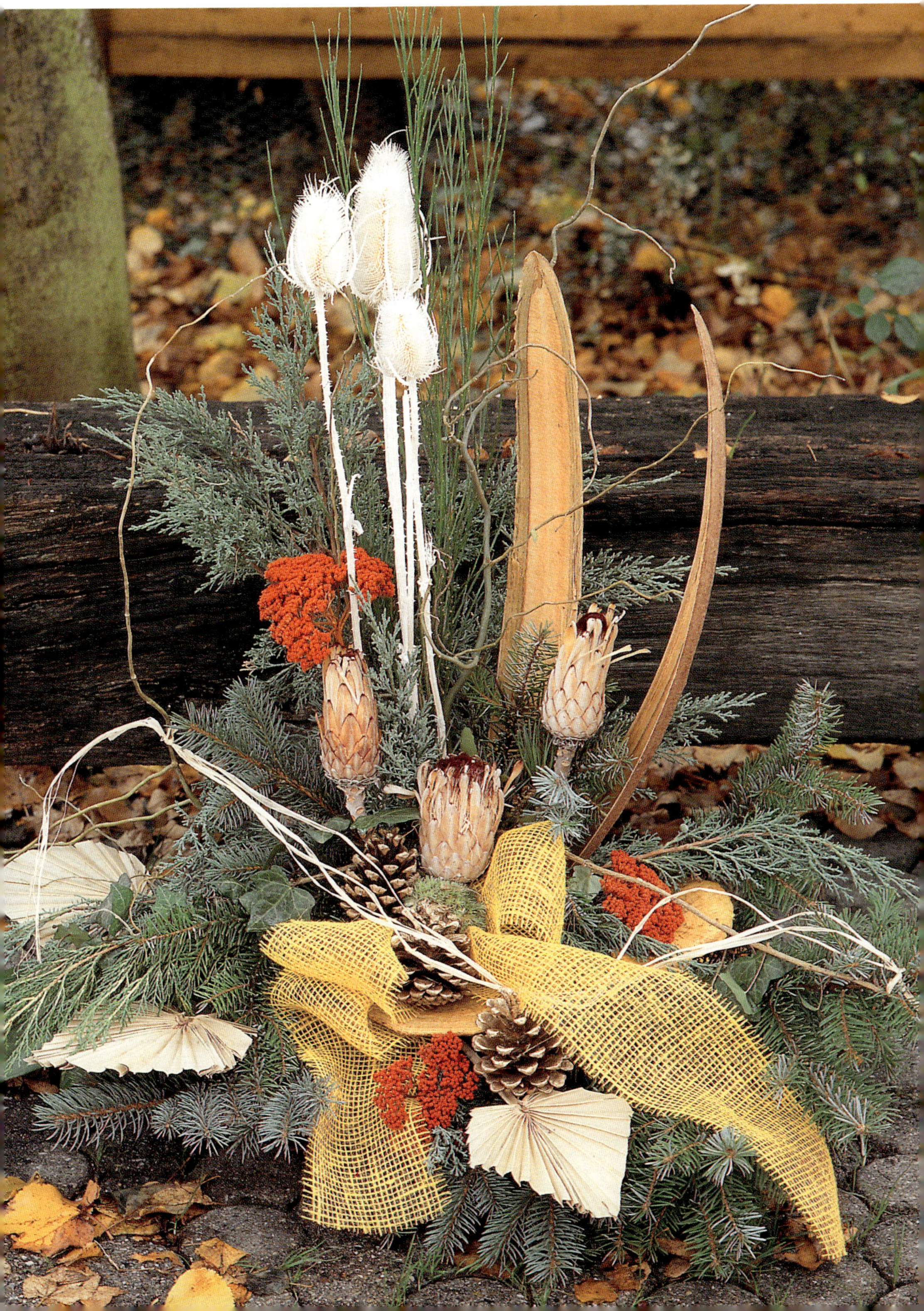

Großes Grabgesteck

Material
- 1 große Baumplatte mit aufgeklebtem Steckschaum
- 2 Palmspeere
- 2 Proteen
- 2 Maiskolben mit Holzstiel
- 2 rote Kardendisteln
- 2-3 Palmfaserplatten
- 2 rote Baumpilze
- 1 Kiefernzapfen
- 1 Lotuskapsel
- ca. 1 m Juteseil
- ca. 1,5 m rotes Schleifenband mit Drahteinlage
- Tannen-, Kiefern- und Koniferenzweige
- Stiel- oder Stützdraht
- Heißkleber

Vorbereitung
Legen Sie aus Schleifenband und Juteseil je eine Schleife und drahten diese an. Proteen, Disteln, Palmspeere, Lotuskapseln, Kiefernzapfen und Baumpilze sollten mit einem sehr starken Stiel- oder Stützdraht ebenfalls angedrahtet werden. Säubern Sie alle Zweige von Nadeln und Rinde. Die Palmfaserplatte wird in der Mitte gerafft und gedrahtet.

Anwendung
Stellen Sie die Baumplatte gerade vor sich und stecken Sie rundherum die verschiedenen Zweige in den Schwamm, bis der Grund vollständig abgedeckt ist. Einen möglichst kräftigen Kiefernzweig platzieren Sie senkrecht in der Gesteckmitte. Dieser bildet die Gesteckspitze und dient gleichzeitig als Orientierungshilfe. Von dem Kiefernast in Dreiecksform abfallend, werden weiter die Lücken mit Zweigen gefüllt, bis kaum noch Steckschwamm zu sehen ist.

Platzieren Sie einen Palmspeer senkrecht in der Mitte und die beiden anderen fast waagerecht, von der linken unteren Seite auslaufend. Die beiden Maiskolben werden etwas rechts, neben den senkrecht stehenden Palmspeer gesteckt und versetzt darunter werden zuerst die Disteln, dann die Proteen eingefügt. Unterhalb der Proteen ordnen Sie rechts die Schleife und darunter den Zapfen an.

Die Lotuskapsel wird links neben dem Kiefernzapfen befestigt und wiederum daneben werden die beiden Baumpilze eingesteckt. Nun können Sie nach Belieben die Juteseilschleife und die Palmfaserplatte einfügen.

45

Großes Gesteck mit Juteschleife

Material
- 1 große Baumplatte mit aufgeklebtem Steckschaum
- 2 Proteen
- 1 Lotuskapsel
- 3 Kiefernzapfen
- mehrere Palmfaserplatten
- 2 rote Kardendisteln
- 1 Palmschale
- Naturbast
- 2 rote Baumpilze
- 1 roter Palmspeer
- ca. 1 m Juteband in Rot
- Plattenmoos
- Ginster-, Tannen-, Kiefern- und Wacholderzweige
- evtl. frisches Laub
- Stiel- oder Stützdraht
- Heißkleber

Vorbereitung
Drahten Sie Lotuskapsel, Disteln, Zapfen, Palmschale, Proteen, Baumpilze und Palmspeer mit einem starken Stiel- oder Stützdraht an und säubern Sie die verschiedenen Zweige von Nadeln und Rinde. Die Palmfaserplatten werden in der Mitte zusammengerafft und ebenfalls gedrahtet.

Anwendung
Beginnen Sie, indem Sie den unteren Teil um die Baumplatte herum mit den verschiedenen Zweigen vollständig abdecken und einen geradegewachsenen Ginsterzweig und die Palmschale nebeneinander senkrecht in der Mitte des Gesteckes platzieren. Beide Teile bilden die Gesteckhöhe. Unterhalb der Palmschale ordnen Sie zuerst die Disteln, dann etwas tiefer die Proteen an. Vor den Proteen fügen Sie ein Stück Plattenmoos ein und setzen rechts und links zwei Zapfen darauf bzw. daneben. Unterhalb des Mooses wird zuerst die Palmfaserplatte eingesteckt, dann der Baumpilz und abschließend die Lotuskapsel darauf platziert. Auf der rechten unteren Seite befestigen Sie die zweite Palmfaserplatte und auf der linken Seite den Palmspeer.

Füllen Sie nun die Lücken mit längeren Zweigen und den übrigen Materialien. Drahten Sie ein Ende des Jutebandes an, kleben Sie dieses hinter die Palmschale und ziehen Sie es zwischen den verschiedenen Materialien bis zum Gesteckgrund durch. Winden Sie einen Strang des Naturbastes locker um das Band und binden Sie mit einem zweiten Stück um den Ginsterzweig eine Schleife.

Es besteht grundsätzlich die Möglichkeit, mehrere großblättrige Zweige mit einzubringen (siehe Abbildung), diese müssen jedoch nach einiger Zeit wieder entfernt werden, da sie kälteempfindlich sind.

47

Sträuße und Aufleger

Kleiner Grabstrauß

Material
- 1 Palmschale
- 1 Palmspeer
- 2 Proteen
- 2 Kiefernzapfen
- 2 kleine Äpfel (künstlich oder natur)
- 1 Palmfaserplatte
- 2 Stiele Schafgarbe in Orange
- 1 Jutestück, ca. 40 x 40 cm
- Tannen-, Kiefern-, Koniferen-, Ginster- und Efeuzweige
- Stiel- oder Stützdraht
- Blumendraht

Vorbereitung
Drahten Sie Palmspeer, Palmschale, Proteen, Zapfen, Jutestück und Palmfaserplatte an. Künstliche Äpfel sind meist bereits mit einem Stiel oder einem Draht ausgestattet, falls Sie jedoch lieber natürliche Äpfel verwenden möchten, müssen Sie diese auch mit einem Draht versehen. Säubern Sie die Enden der Zweige von Nadeln und Rinde und drahten Sie die zu kurzen Stücke an.

Anwendung
Nehmen Sie die Palmschale und den Ginsterzweig sehr fest in die Hand und füllen sie rundherum zwischen den Stielen mit Zweigen auf. Größere Materialien, wie z.B. die Palmschale, erhalten durch die Zweige mehr Halt. Links neben die Palmschale wird der Palmspeer senkrecht und die Schafgarbe etwas versetzt darunter angelegt und wiederum mit Zweigen aufgefüllt.

Die beiden Proteen platzieren Sie versetzt, etwas unterhalb der Schafgarbe und vor diese die Äpfel und Zapfen. Die Lücken werden mit Zweigen aufgefüllt. Unterlegen Sie die Zapfen mit Jute, Palmfaserplatte und ordnen Sie die Schafgarbe auf der linken Seite an.

Abschließend werden noch einmal Zweige, die etwas auslaufen sollten, angelegt. Mit Blumendraht binden Sie über der Hand mehrmals ab und schneiden die Stiele auf gleiche Länge.

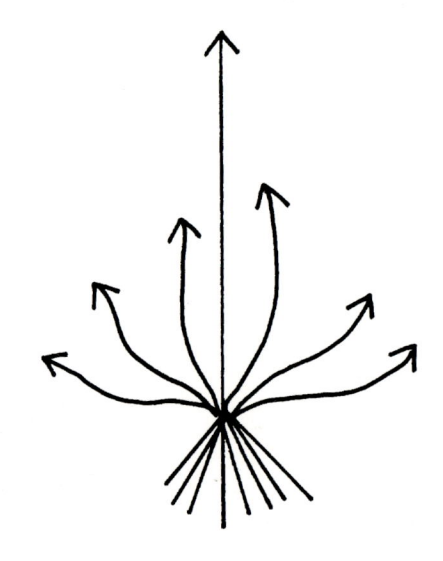

49

Grabaufleger

Material
- 1 länglicher, gerade gewachsener Tannenzweig (sollte möglichst spitz nach oben zulaufen)
- kurze Koniferenzweige
- 2 Proteen
- 3 Kardendisteln in Orange
- 3 Stiele Schafgarben in Orange
- 1 gelber Baumpilz
- 1 Stück Jute, ca. 30 x 30 cm
- ca. 1,5 m Juteseil
- Stiel- oder Stützdraht
- Blumendraht

Vorbereitung
Fassen Sie die kurzen Koniferenstücke zu mehreren zusammen und drahten Sie diese an. Ebenso werden Disteln, Proteen, Baumpilz und Jutestück angedrahtet. Aus dem Juteseil legen Sie eine Doppelschleife, die mit Stiel- oder Stützdraht befestigt wird.

Anwendung
Nehmen Sie zuerst den großen, gerade gewachsenen Tannenzweig in die Hand und legen Sie ihn halb auf die sich vor Ihnen befindende Arbeitsfläche, damit der Aufleger beim Binden nicht zu schwer wird. Platzieren Sie parallel zur Astspitze je zwei Disteln und zwei Proteen versetzt untereinander. Füllen Sie nun zwischen den Stielen mit den Zweigbündeln auf, damit der Grabaufleger Halt bekommt. Danach werden wiederum versetzt die Schafgarbe und die verbliebene Distel eingearbeitet. Unterhalb der Schafgarbe legen Sie rechts den Baumpilz an, links das Jutestück sowie das Juteseil und unterlegen das Ganze mit den restlichen Zweigbündeln, bis ein schöner Abschluss entstanden ist. Über der Hand wird mit Blumendraht mehrmals abgebunden und die Stiele auf gleiche Länge gekürzt.

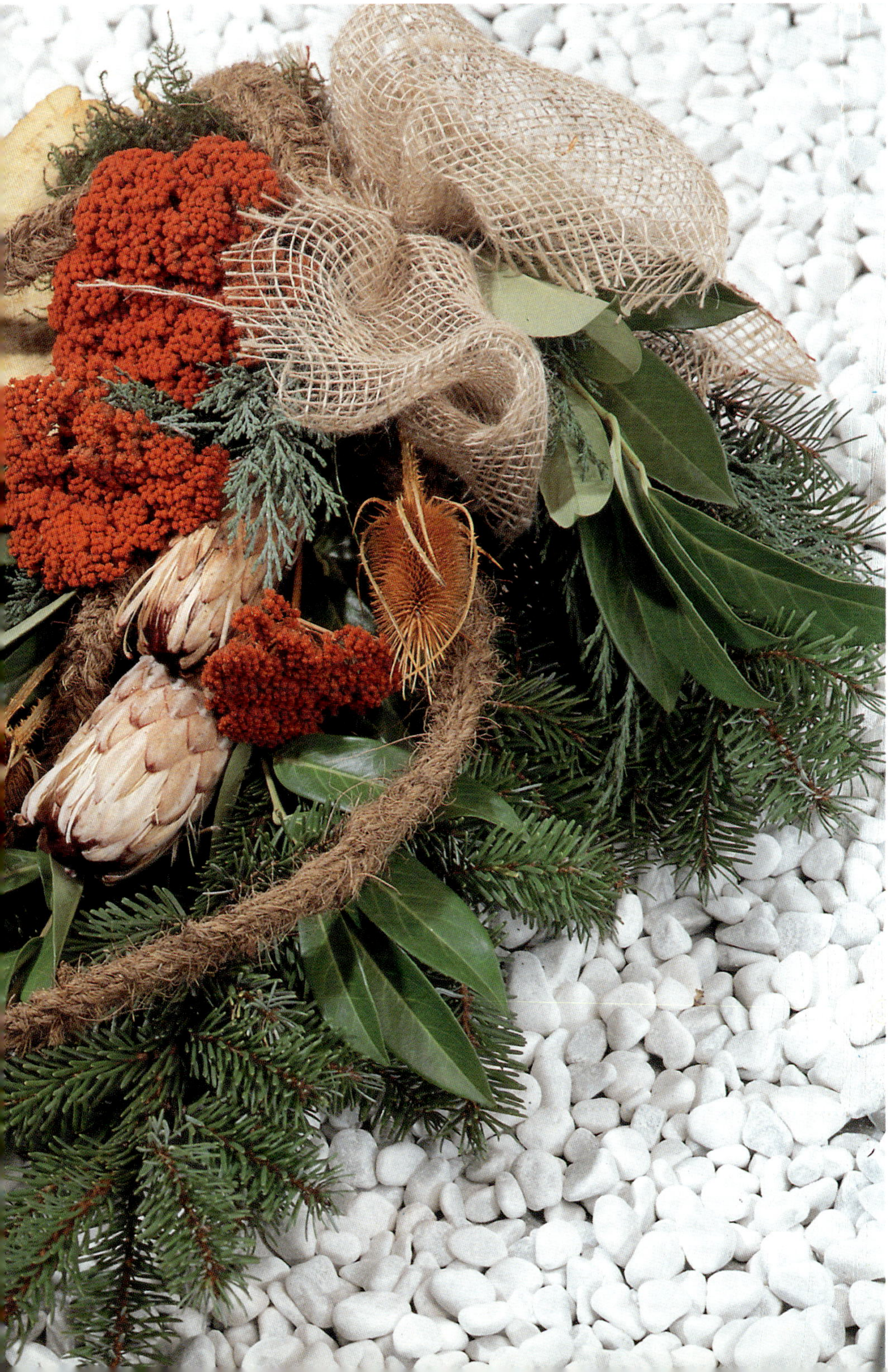

Grabaufleger in Rot

Material
- 1 länglicher, gerade gewachsener Blautannenzweig
- Koniferenzweige
- 1 Palmschale
- 2 rotgefärbte Maiskolben mit Stiel
- 1 roter Baumpilz
- 3 Stiele rote Schafgarbe
- 1 Palmfaserplatte
- 2 Lotuskapseln
- 1 Tannenzapfen
- ca. 1 m rotes Juteband
- Bastbänder
- Stiel- oder Stützdraht
- Blumendraht

Vorbereitung
Säubern Sie den Blautannenzweig an der Schnittstelle von Nadeln und Rinde und drahten Sie mehrere kurze Koniferenstücke zu kleinen Bündeln zusammen. Aus dem Juteband wird eine Doppelschleife gelegt und die Palmfaserplatte in der Mitte zusammengerafft. Beides wird mit Stiel- oder Stützdraht gedrahtet wie auch Lotuskapseln, Tannenzapfen, Baumpilz und Palmschale.

Anwendung
Nehmen Sie den Blautannenzweig fest in die Hand und legen Sie ihn halb vor sich auf Ihre Arbeitsfläche. Das erleichtert Ihnen das Binden, da Sie kein Gewicht zu halten haben. Legen Sie parallel zur Astspitze die beiden Maiskolben etwas versetzt untereinander an und die Palmschale rechts daneben. Füllen Sie zwischen den Stielen mit den Zweigbündeln auf, damit später nichts wackelt. Unterhalb der Maiskolben platzieren Sie versetzt untereinander zwei Stiele Schafgarbe und den Tannenzapfen sowie einen Stiel Schafgarbe und eine Lotuskapsel nebeneinander. Nun wird wieder mit den Zweigbündeln aufgefüllt. Ordnen Sie auf der linken Seite zuerst waagerecht den Baumpilz und auf der rechten Seite ebenfalls waagerecht die Palmfaserplatte an. Mittig werden nun noch Lotuskapsel und Schleife platziert und mit den restlichen Zweigbündeln können Sie den Abschluss gestalten. Binden Sie mit Draht mehrmals über der Hand ab und kürzen Sie die Stiele auf gleiche Länge.

Als Blickfang können Sie einige goldgefärbte Baststreifen über das Gebinde ziehen und diese an den Astenden mit Draht befestigen.

53

Bepflanzungen

Zum Grabschmuck gehören nicht nur Gestecke und Kränze, sondern auch Bepflanzungen von Töpfen und Schalen. Achten Sie darauf, dass Sie für den Winter Pflanzen auswählen, die niedrige Temperaturen gut vertragen können. Hier gibt es mittlerweile eine große Auswahl an Pflanzen, die sich hervorragend für diesen Zweck eignen. Lassen Sie sich in gutbestückten Gärtnereien oder Gartenfachgeschäften von Fachleuten beraten.

Grundsätzlich ist zum Bepflanzen von Schalen zu sagen, dass die Gefäße immer groß genug sein sollten, damit die Pflanzen darin noch wachsen können. Achten Sie darauf, dass die Wurzeln nicht verletzt werden und die Pflanzen mit reichlich Erde bedeckt werden. Drücken Sie die Erde schön fest in die Schale und wässern Sie die Bepflanzung im Anschluss gut.

Auf den folgenden Seiten finden Sie einige Anwendungsbeispiele zu diesem Thema.

Bepflanzung im Tontopf

Material
- *1 kleiner Tontopf*
- *1 Stiefmütterchen*
- *1 kleiner Lavendel*
- *1 Kiefernzapfen*
- *Bast*
- *1 Stück Baumrinde*
- *Moos*
- *Stiel- oder Stützdraht*
- *Drahthaften oder Heißkleber*

Vorbereitung
Der Kiefernzapfen wird mit Stiel- oder Stützdraht angedrahtet, ebenso die Baumrinde, die anschließend mit Bast umwickelt und mit Moos versehen wird. Sie können das Moos aufkleben oder mit langen Drahthaften befestigen.

Anwendung
Pflanzen Sie ein blühendes Stiefmütterchen und einen kleinen Lavendel in einen kleinen Tontopf. In die hintere Lücke kann ein angedrahteter Kiefernzapfen eingeschoben werden und vorne wird eine mit Bast umwickelte, gedrahtete Baumrinde platziert.

Die Pflanzen werden zum Schluss gut angegossen.

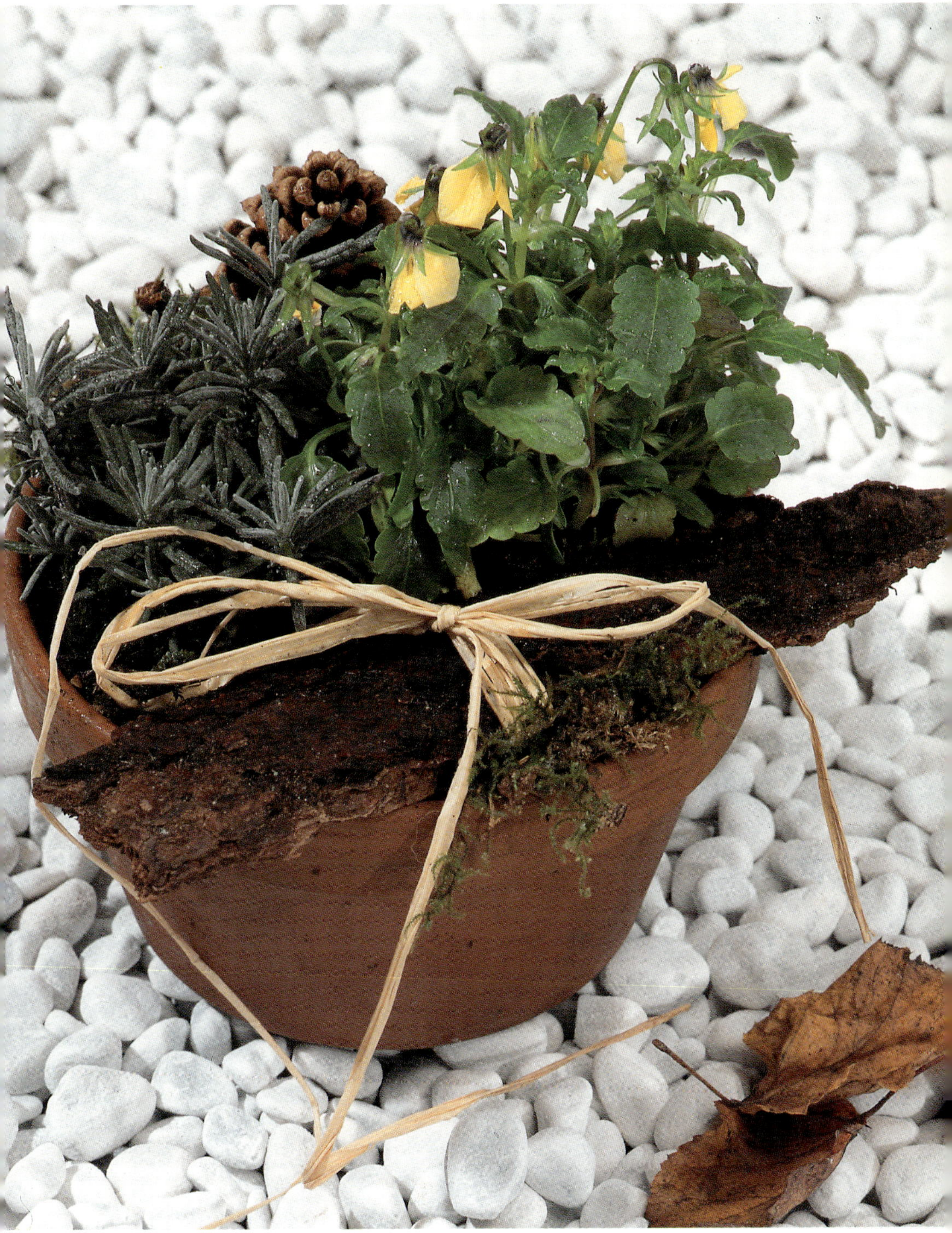

Bepflanzung mit Juteschleife

Material
- 1 flacher Tontopf
- 2 blühende Pflanzen nach Wahl
- 1 nicht blühende Pflanze
- 1 Stück Juteband
- Stiel- oder Stützdraht

Anwendung
Jede einfache Bepflanzung kann mit zusätzlichen Hilfsmitteln dekorativ gestaltet werden.

Wetterfeste Schleifen eignen sich besonders gut zum Verzieren von Schalen oder Grabgestecken. Bepflanzen Sie die Schale nach Belieben mit einer blühenden und zwei nicht blühenden Pflanzen und stecken Sie an eine freie Stelle eine mit einem Stieldraht angedrahtete Schleife.

Die Schleife wird mit dem Drahtstiel tief in die Erde gesteckt.

57

Kleine bunte Bepflanzung

Material
- 1 flacher Tontopf
- ca. 10–20 cm breites Juteband
- 1 Erikapflanze
- 1 Silberblatt
- 1 Stiefmütterchen
- 1 Zierkürbis
- Moos
- Naturbast

Anwendung
Oft bleiben alte Grabgefäße bzw. Töpfe auch nach gründlichster Reinigung noch unansehnlich. In diesem Fall können Sie den Topf mit einem Juteband verkleiden. Das Band sollte lang und breit genug sein, um den Topfrand vollständig einzuhüllen.

Bepflanzen Sie zuerst den Topf mit Silberblatt, einem Stiefmütterchen und Erika, einer Pflanze, die lange blüht und unempfindlich gegen Kälte ist. Schließen Sie die Zwischenräume in der Schale mit Moos und einem Zierkürbis.

Zuletzt legen Sie das Juteband um den Topf und befestigen es mit Naturbast, den Sie als zusätzlichen Schmuck über das Gesteck legen können.

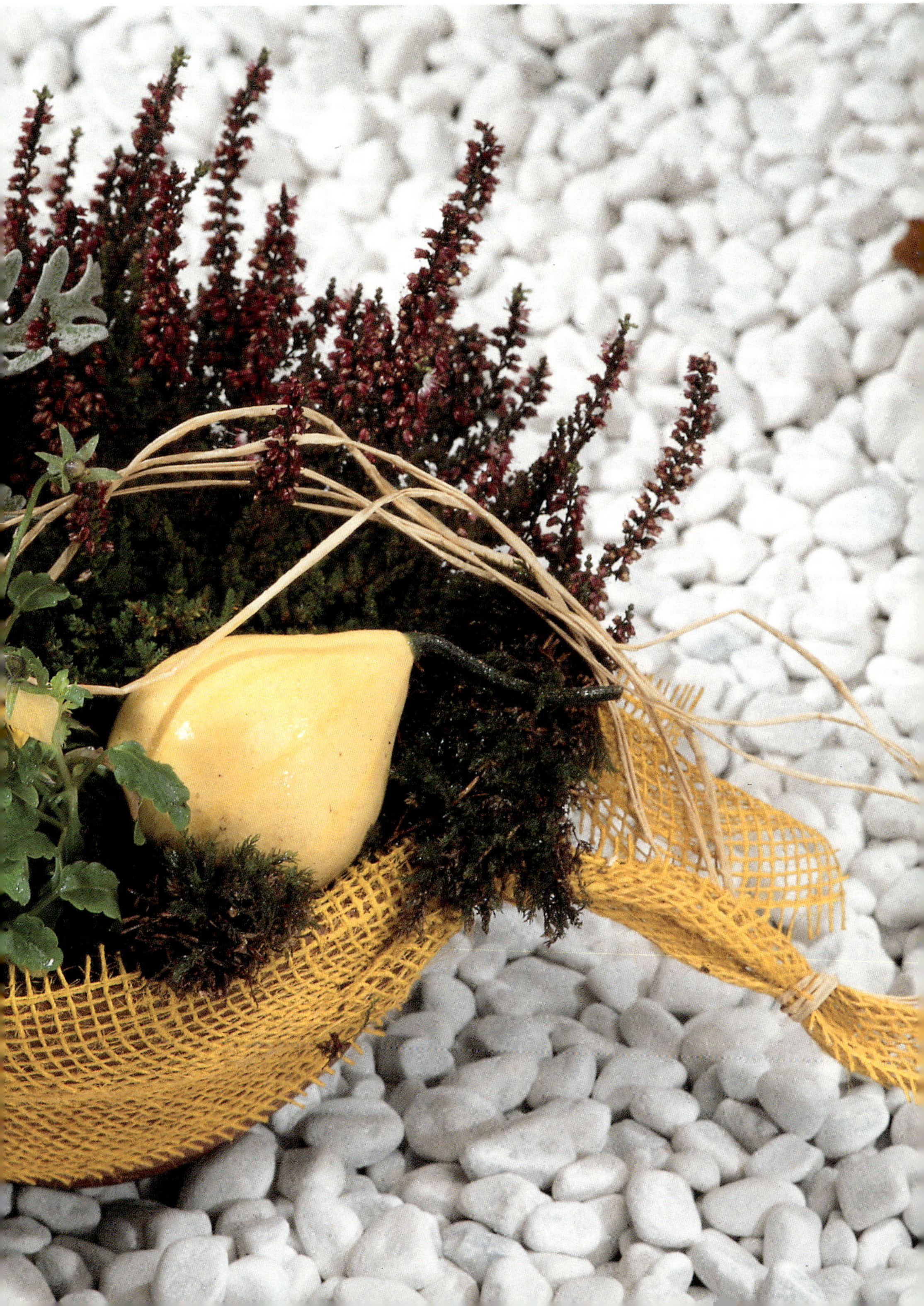

Bepflanzung mit Zierkürbis

Material
- 1 runder Tontopf
- 1 Erika
- 1 Stiefmütterchen
- 1 kleine Schafgarbe
- 1 Zierkürbis
- Moos
- 2 Kiefernzapfen
- 1 Efeuranke
- Bast
- Stiel- oder Stützdraht

Anwendung
Pflanzen Sie Erika, Stiefmütterchen und als zusätzlichen Farbklecks eine Schafgarbe in einen runden Tontopf. In den vorderen, noch freien Teil des Tontopfes drücken Sie eine kleine Mulde und füllen diese mit Moos und einem bunten Zierkürbis. Beide Teile können Sie entweder mit Stieldraht befestigen oder einfach nur hineinlegen.

In den hinteren Teil platzieren Sie zwischen die Pflanzen zwei angedrahtete Kiefernzapfen.

Schlingen Sie nun noch eine Efeuranke um oder über die Schale und befestigen Sie diese mit Hilfe eines Baststückes. Die Efeuranke muss nicht eingepflanzt werden, da sie sich bei niedrigen Temperaturen recht lange in diesem Zustand hält.

Zypressengewächs

Material
- *1 großer Tontopf*
- *1 Zypressengewächs*
- *1–2 Pflanzen nach Wahl*
- *Bast*
- *1 ca. 10 cm breites Juteband*
- *1 Kiefernzapfen*
- *1 Zierkürbis*
- *Stiel- oder Stützdraht*

Anwendung
Gewächse aus der Zypressenfamilie sind sehr unempfindlich und pflegeleicht und eignen sich folglich besonders gut für Grabbepflanzungen.

Wählen Sie einen Tontopf, der groß genug ist, dass zusätzlich noch ein oder zwei andere Pflanzen darin Platz finden. In das hintere Drittel des Gefäßes platzieren Sie das Zypressengewächs und in den vorderen Teil ordnen Sie halbhoch eine bzw. zwei weitere Pflanzen an.

Legen Sie einen Baststrang um die Zypresse und knoten Sie ein wetterfestes Juteband um den Tontopf. Drücken Sie eine kleine Vertiefung in die Erde und stecken dort einen angedrahteten Kiefernzapfen und Zierkürbis hinein.

63

Eine Auswahl aus unserem Gesamtprogramm

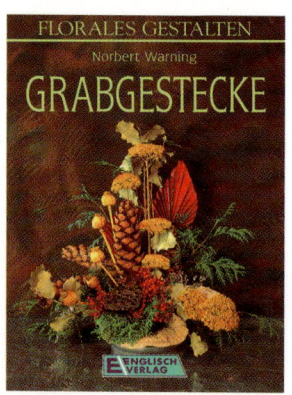

ISBN 3-8241-0564-0
Broschur, 64 Seiten

ISBN 3-8241-0660-4
Broschur, 64 Seiten

ISBN 3-8241-0661-2
Broschur, 64 Seiten

ISBN 3-8241-0666-3
Broschur, 64 Seiten

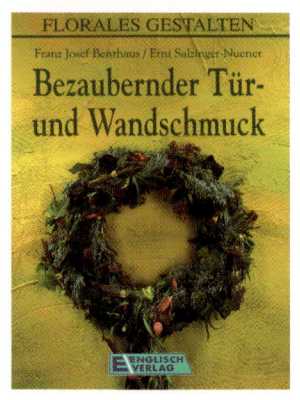

ISBN 3-8241-0585-3
Broschur, 64 Seiten

Lust auf Mehr?

Liebe Leserin, lieber Leser,

natürlich haben wir noch viele andere Bücher im Programm. Gerne senden wir Ihnen unser Gesamtverzeichnis zu. Auch auf Ihre Anregungen und Vorschläge sind wir gespannt. Rufen Sie uns einfach an oder schreiben Sie uns.

F. Englisch GmbH & Co Verlags-KG
Postfach 2309 · 65013 Wiesbaden
Telefon 0611/94272 - 0 · Telefax 0611/410665